Impressum
Verlag: BABADADA GmbH, Nedderfeld 112 , 22529 Hamburg
Geschäftsführer / Verlagsleitung: Harald Hof
Druck: Books on Demand GmbH, In de Tarpen 42, 22848 Norderstedt

Imprint
Publisher: BABADADA GmbH, Nedderfeld 112 , 22529 Hamburg, Germany
Managing Director / Publishing direction: Harald Hof
Print: Books on Demand GmbH, In de Tarpen 42, 22848 Norderstedt

school
duɗal

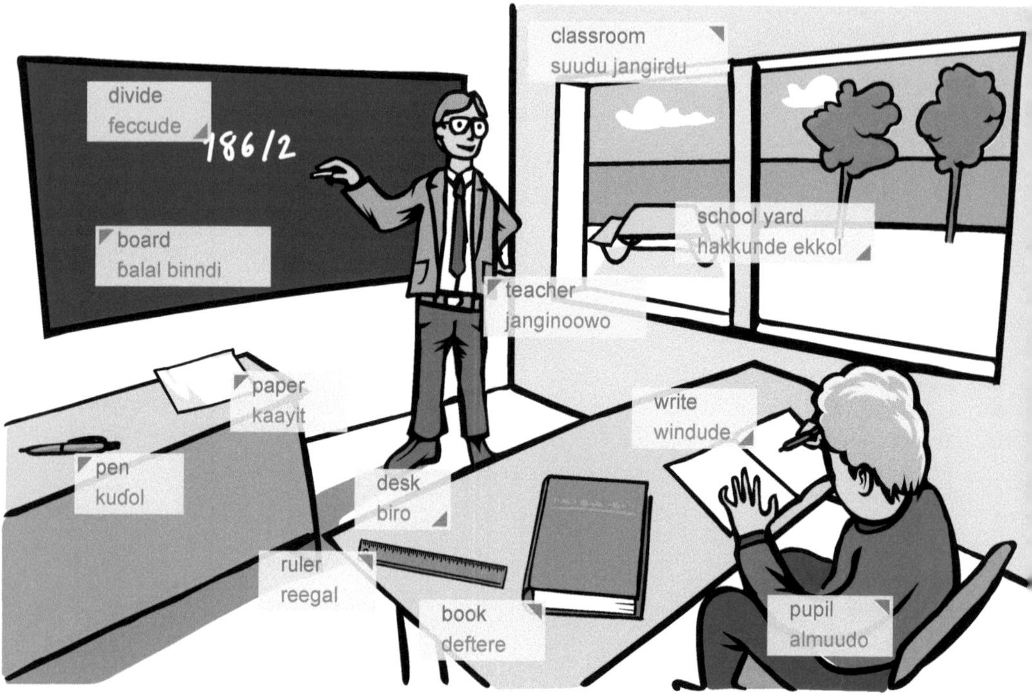
classroom
suudu jangirdu
divide
feccude
186/2
board
ɓalal binndi
school yard
hakkunde ekkol
teacher
janginoowo
paper
kaayit
write
windude
pen
kuɗol
desk
biro
ruler
reegal
book
deftere
pupil
almuudo

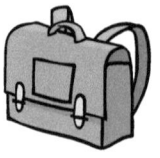

satchel
kartaabal

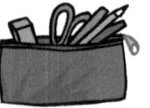

pencil case
moftirdo kereyonji

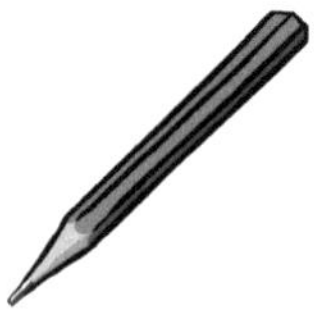

pencil
kereyo

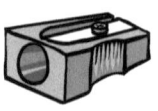

pencil sharpener
ceeɓnirgel kereyon

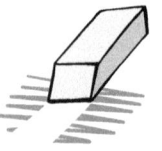

rubber
momtirgel

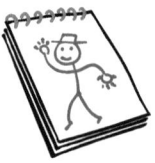

drawing pad
alluwal ciifirgal

drawing
ciifgol

paintbrush
limsere pentirteeɗo

paint box
suwo pentirɗo

scissors
sisooji

glue
ɗakkorgal

exercise book
deftere ekkorgal

homework
golle janŋde

number
niimara

add
ɓeydude

subtract
ustude

multiply
ɓeydude keeweendi

calculate
qimaade

letter
bataake

alphabet
karfeeje

word
kongol

text
bindol

read
jangude

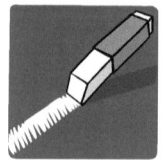

chalk
bindirgal

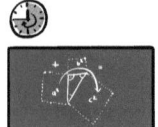

lesson
darsu

register
winditaade

examination
egsame

certificate
sartifika

school uniform
comcol duɗal

education
janŋde

encyclopedia
ansikolopedi

university
duɗal jaaɓi haɗtirde

microscope
mikoroskop

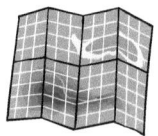

map
kartal

waste-paper basket
suwo kurjut

travel
ɗannagol

hotel
otel
Grand
hostel
obers
ROOMS
EXCHANGE
currency exchange office
nokku beccugol e neldugol
suitcase
waxannde
car
oto

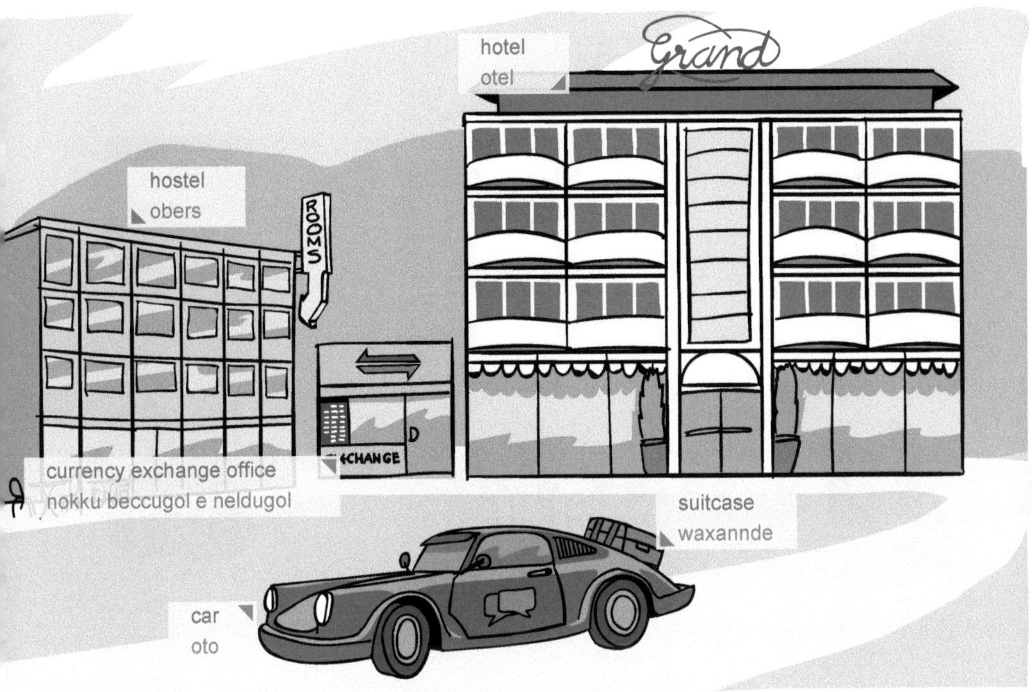

language
ɗemngal

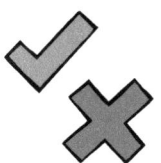

yes / no
Eey / ala

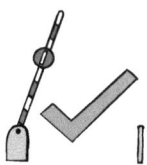

Okay
Moÿÿi

hello
mbaɗɗa

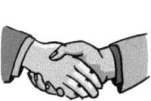

translator
pirtoowo

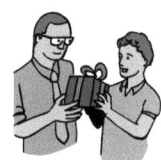

Thank you
A jaraama

how much is...?

no foti...?

I don´t get it

Mi faamaani

problem

hanmi

Good evening!

Jam hiri!

Good morning!

Jam waali!

Good night!

Mbaalen e jam!

goodbye

ñande woɗnde

direction

laawol

luggage

bagaas

bag

saawdu

backpack

saawdu wambateendu

guest

koɗo

room

suudu

sleeping bag

njegenaaw

tent

caalel ladde

tourist information
kabaruuji tuurist

beach
tufnde

credit card
kartal banke

breakfast
kacitaari

lunch
bottaari

dinner
hiraande

Ticket
biye

elevator
suutde

stamp
tampon

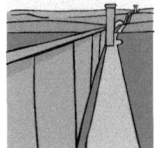

border
keerol

customs
duwaan

embassy
ambasad

visa
wiisa

passport
paaspoor

transport

taraspoor

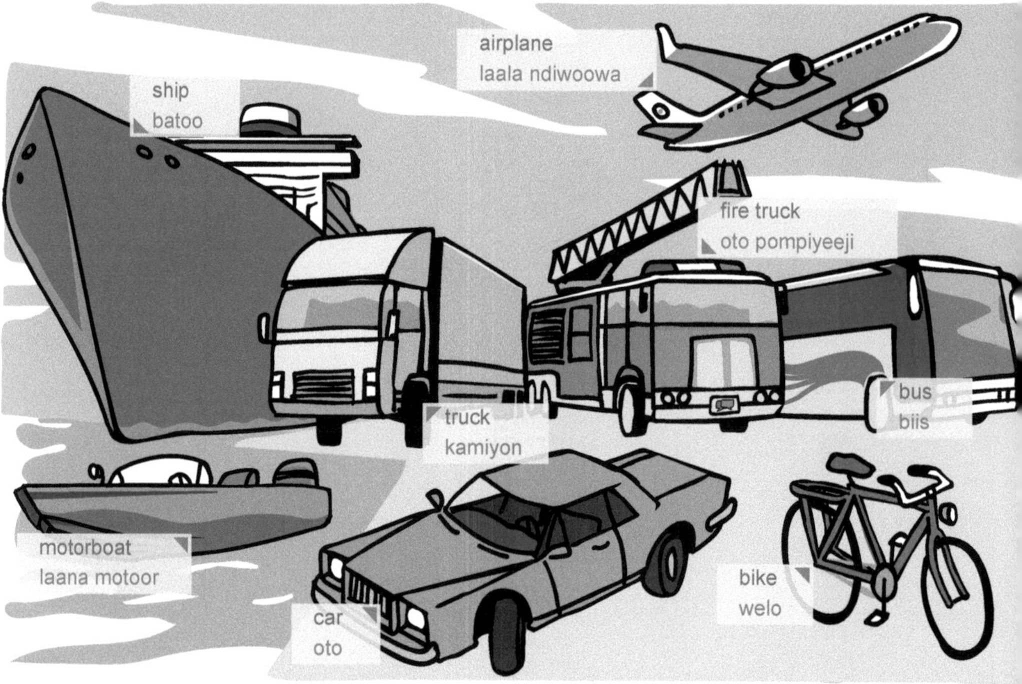

airplane
laala ndiwoowa
ship
batoo
fire truck
oto pompiyeeji
bus
biis
truck
kamiyon
motorboat
laana motoor
bike
welo
car
oto

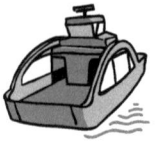

ferry
batoo

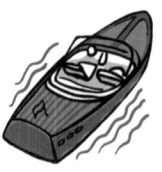

boat
laana

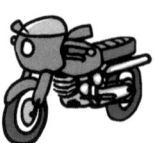

motorbike
welo

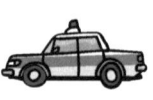

police car
oto polis

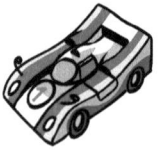

racing car
oto dogirteeɗo

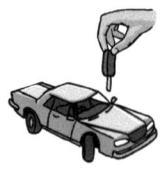

rental car
oto luwateeɗo

car sharing
dendugol oto

tow truck
oto dandoowo goɗɗo

garbage truck
oto kurjut

engine
motoor

fuel
karbiran

fuel station
nokku esaans

traffic sign
tintinooje yaangarta

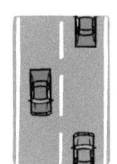

traffic
yaa ngarta

traffic jam
jiibo yaa ngarta

parking lot
dingiral otooji

train station
dingiral laana leydi

tracks
laabi

train
laana leydi

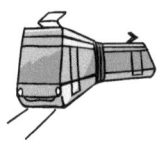

tram
laana ndegoowa

wagon
saret

helicopter
elikopteer

airport
ayrepoor

tower
tuur

passenger
wonɓe e laana

container
konteneer

carton
karton

cart
duñirgel kaake

basket
basket

take off / land
diwde / juuraade

city

wuro mowngu

village
wuro

city center
hakkunde wuru wowngo

house
galle

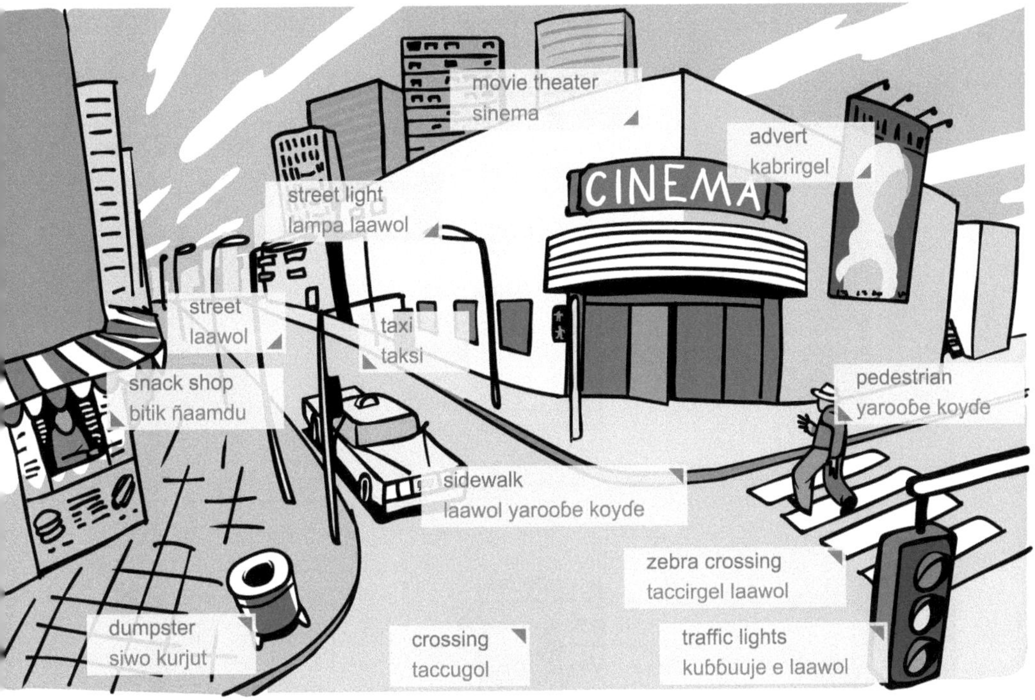

movie theater
sinema

advert
kabrirgel

street light
lampa laawol

CINEMA

street
laawol

taxi
taksi

pedestrian
yaroobe koyde

snack shop
bitik ñaamdu

sidewalk
laawol yaroobe koyde

zebra crossing
taccirgel laawol

dumpster
siwo kurjut

crossing
taccugol

traffic lights
kubbuuje e laawol

hut
tiba

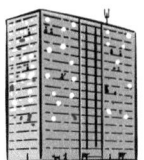

apartment
ko foti

train station
dingiral laana leydi

city hall
meeri

museum
miise

school
dudal

university

duɗal jaaɓi haɗtirde

bank

banke

hospital

suudu safirdu

hotel

otel

pharmacy

farmasi

office

gollirgal

book shop

suudu defte

shop

bitik

flower shop

jeyoowo fuloraaji

supermarket

sipermarse

market

jeere

department store

madase mawɗo

fishmonger's shop

jeyoowo liɗɗi

mall

nokku coodateeɗo

harbor

poor

park

park

bench

jooɗorgal

bridge

taccirgal

stairs

ŋabbirɗe

subway

laawol metero

tunnel

laawul les leydi

bus stop

fongo biis

bar

baar

restaurant

restora

postbox

buwaat postaal

street sign

lewñowel laawol

parking meter

to otooji ndaroto

zoo

nokku kullon

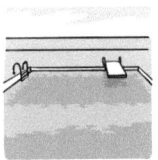

swimming pool

pisin

mosque

jama

farm

ngesa

pollution

gakkingol hendu

cemetery

bammule

church

egiliis

playground

dingiral

temple

tampl

landscape

yiyande taariinde

leaf
baramlefol

signpost
tugayal tintinirgal

path
laawol

meadow
Huɗo sukkuko

stone
haayre

hiker
ŋayloowo

tree
lekki

river
maayo

grass
huɗo

flower
fuloor

valley

nokku kaañe mawɗe to
ndiyam dogata

hill

waande

lake

weedu

forest

ladde

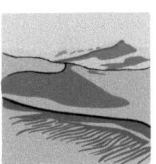

desert

ladde yoornde

volcano

wolkan

castle

satoo

rainbow

timtimol

mushroom

sampiñon

palm tree

leki palm

mosquito

bowngu

fly

diwde

ant

njabala

bee

mbuubu ñaak

spider

njabala

beetle

hoowoyre keppoore

frog

faabru

squirrel

doomburu ladde

hedgehog

sammunde

hare

fowru

owl

pubbuɓal

bird

colel

swan

kakeleewal ladde

boar

mbabba tugal

deer

lella

moose

Nagge nde galladi cate

dam

baraas

wind turbine

masiŋel battowel hendu jeynge

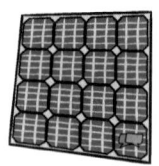

solar panel

Lowowel nguleeki

climate

kilima

restaurant
restora

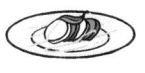

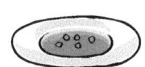

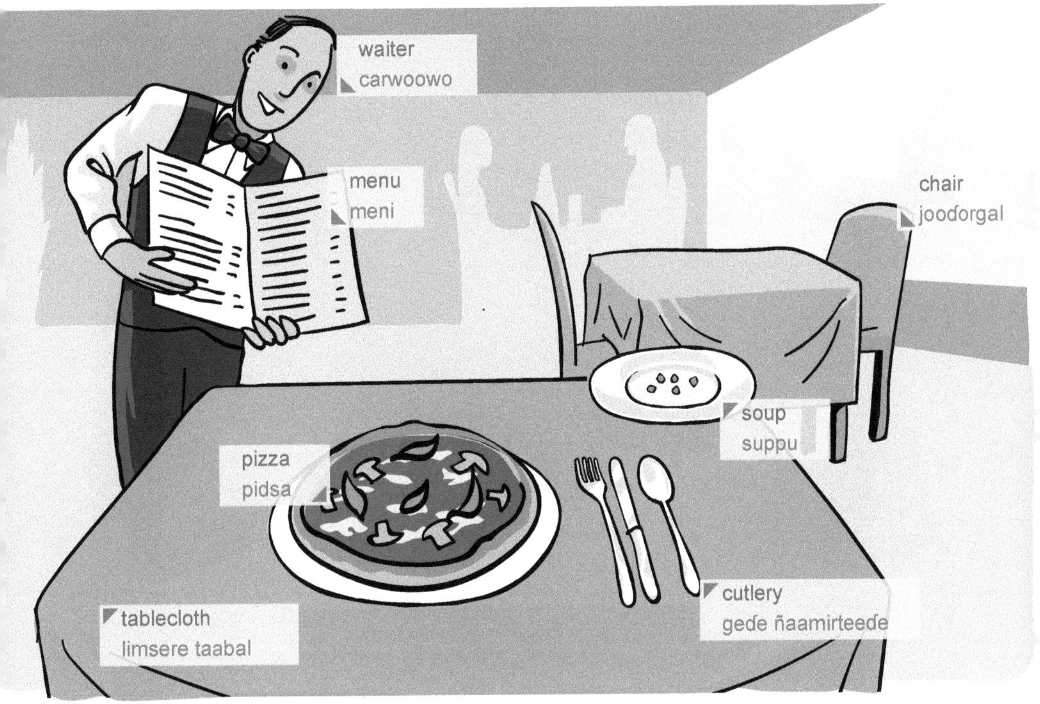
waiter
carwoowo
menu
meni
chair
jooɗorgal
soup
suppu
pizza
pidsa
cutlery
geɗe ñaamirteeɗe
tablecloth
limsere taabal

starter
tongitirgel

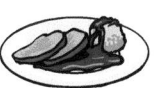

main course
ñaamdu nguraandi

dessert
tuftorogol

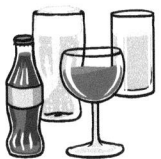

drinks
njaram

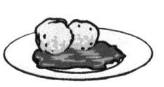

food
ñaamdu

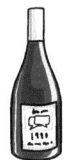

bottle
butel

fast food

fast fud

street food

ñaamdu laawol

teapot

baraade

sugar bowl

cupayel suukara

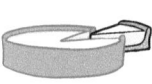

portion

geɗel

espresso machine

Masinŋ kafe

high chair

jooɗorgal toowngal

bill

biye

tray

ñorgo

knife

paaka

fork

furset

spoon

kuddu

teaspoon

nokkere kuddu

serviette

sarbet

glass

weer

restaurant - restora

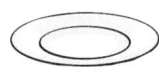

plate
palaat

soup plate
palaat suppu

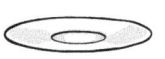

saucer
cupayel

sauce
soos

salt shaker
pot lamđam

pepper mill
moññirgal poobar

vinegar
bineegara

oil
nebam

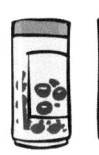

spices
kaađnooje

ketchup
ketsap

mustard
muttard

mayonnaise
mayonees

supermarket

sipermarse

special offer
ngustugul coggu
FOR
customer
kiliyaan
dairy products
kosameeje
fruit
bikkon leɗɗe
shopping cart
daasirgel

BUTCHERS

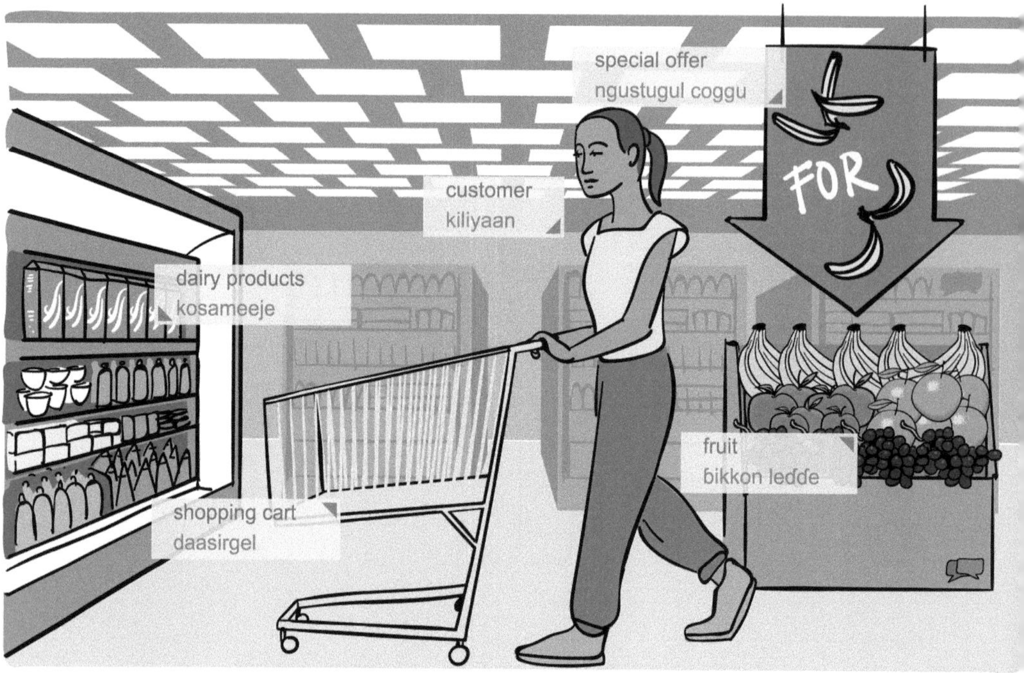

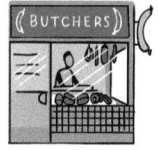

butcher's shop

jeyoowo teew nagge

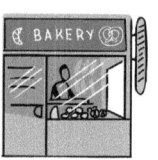

BAKERY

bakery

juɗoowo mburu

weigh

ɓetde

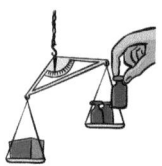

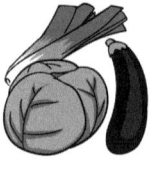

vegetables

lijim

meat

teew

frozen food

ñaamdu ɓumnaandu

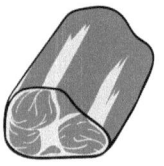

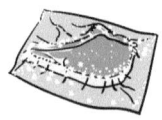

cold cuts
teew moftaaɗo

canned food
ñaamdu nder buwat

detergent
condi lawyirteendu

candy
bonboonji

household products
geɗe ngurdaaɗe

cleaning products
porodiwiiji laaɓnirni

sales representative
julaaajo

cash register
haa

cashier
kestotooɗo

shopping list
limto coodateeɗi

opening hours
waktuuji golle

wallet
kalbe

credit card
kartal banke

bag
saak

plastic bag
saak dalli

water
....
ndiyam

juice
....
njaram

milk
....
kosam

coke
....
ỹulmere

wine
....
sangara

beer
....
sangara

alcohol
....
sangara

cocoa
....
kakao

tea
....
ataaya

coffee
....
kafe

espresso
....
kafe jon jooni

cappuccino
....
kafe italinaaɓe

banana

banaana

apple

pom

orange

oraas

melon

dende

lemon

limonŋ

carrot

karot

garlic

laay

bamboo

lekki bambu

onion

basalle

mushroom

sampiñon

nuts

gerte

noodles

espageti

spaghetti

espageti

rice

maaro

salad

salaat

fries

firit

fried potatoes

faatat cahaaɗo

pizza

pidsa

hamburger

amburgeer

sandwich

sandiwis

escalope

buhal baddangal e lijim

ham

buhal teew

salami

kaane biyeteeɗo sosison

sausage

sosis

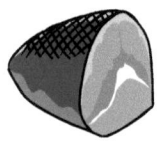

chicken

gertogal

roast

defaɗum

fish

liingu

porridge oats

ndefu gabbe kuwakeer

muesli

njilɓundi aɓuwaan e gabbe godɗe

cornflakes

kornfelek

flour

farin

croissant

kurwasa

bread roll

pe o le

bread

mburu

toast

mburu juɗaaɗo

cookies

mbiskit

butter

nebam boor

curd

kosam kaaɗɗam

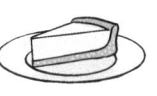

cake

gato

egg

boccoonde

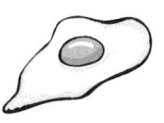

fried egg

moccoonde fasnaande

cheese

foromaas

ice cream

kerem galaas

sugar

suukara

honey

njuumri

jelly

teew nagge

nougat cream

nirkugol sokkola

curry

suppu kaane

farm

ngesa

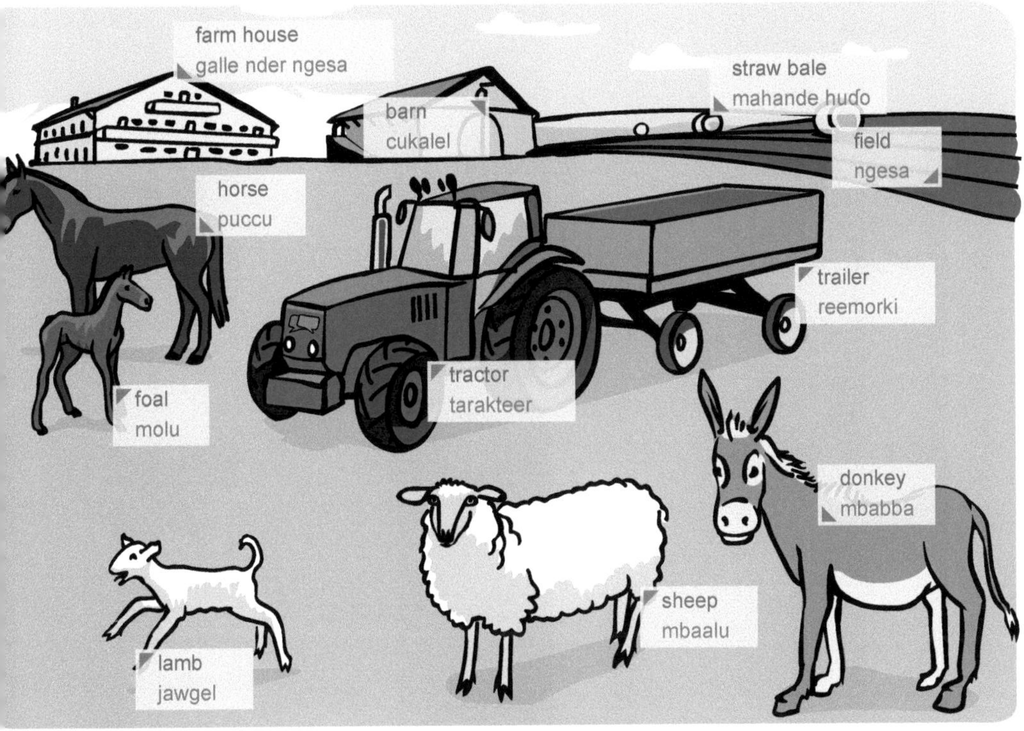
farm house
galle nder ngesa
straw bale
mahande huɗo
barn
cukalel
field
ngesa
horse
puccu
trailer
reemorki
tractor
tarakteer
foal
molu
donkey
mbabba
sheep
mbaalu
lamb
jawgel

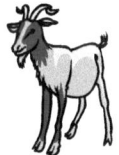

goat

ndamdi

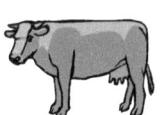

cow

nagge

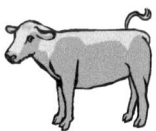

calf

mbeewa

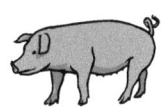

pig

mbabba tugal

piglet

ɓingel mbabba tugal

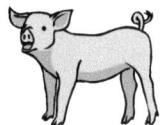

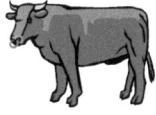

bull

ngaari ladde

goose

jarlal ladde

duck

gerlal

chick

cofel

hen

jarlal

cockerel

ngori

rat

doomburu

cat

ullundu

mouse

doomburu

ox

nagge

dog

rawaandu

dog house

nokku dawaaɗi

garden hose

tiwo sardin

watering can

doosirgal

scythe

wofdu mawndu

plow

masinŋ demoowo

sickle

wofdu

hoe

coppirgal

pitchfork

rato

axe

hakkunde

pushcart

buruwet

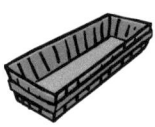

trough

mbalka

milk can

kosam buwat

sack

saak

fence

kalasal galle

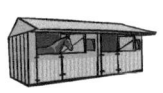

stable

nokku pucci

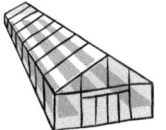

greenhouse

inexistant

soil

leydi

seed

abbere

fertilizer

nguurtinooje leydi

combine harvester

masinŋ coñirteeɗo

harvest

soñde

harvest

soñde

yams

ñambi

wheat

bele

soya

soja

potato

faatat

corn

maka

rapeseed

abbere lekki kolsa

fruit tree

lekki firwiiji

manioc

ñambi

grain

sereyaal

house
galle

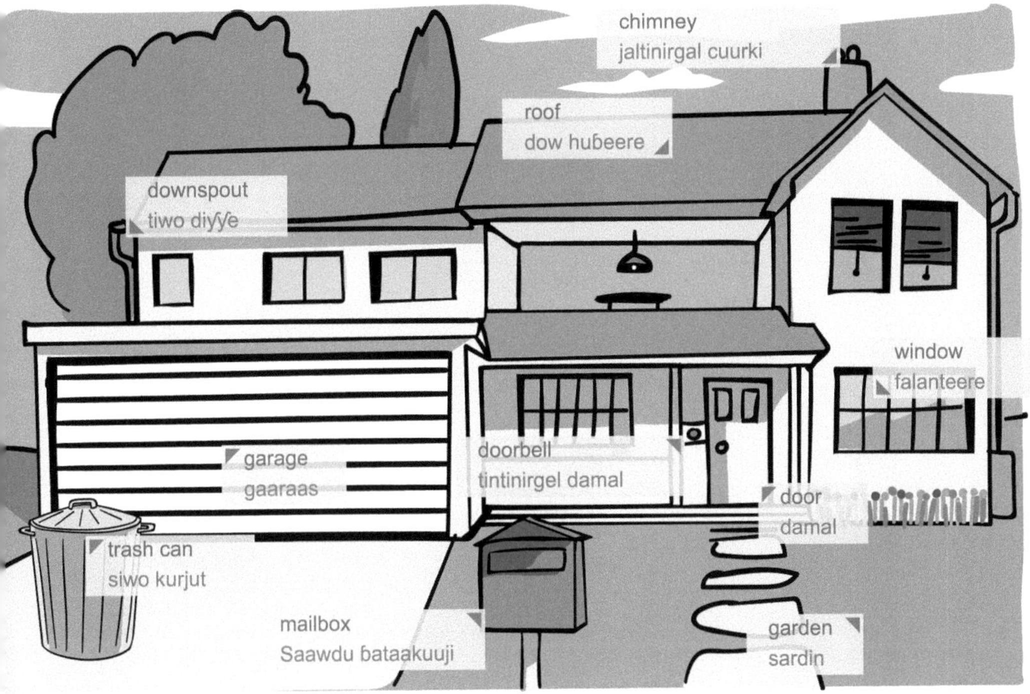

chimney
jaltinirgal cuurki
roof
dow huɓeere
downspout
tiwo diyƴe
window
falanteere
garage
gaaraas
doorbell
tintinirgel damal
door
damal
trash can
siwo kurjut
mailbox
Saawdu ɓataakuuji
garden
sardin

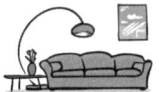

living room
suudu yeewtere

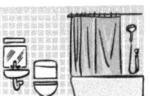

bathroom
tarodde

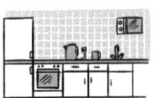

kitchen
waañ

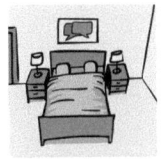

bedroom
suudu waalduru

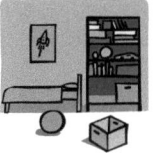

kids room
suudu sakaaɓe

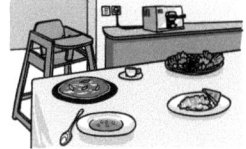

dining room
suudu hiraande

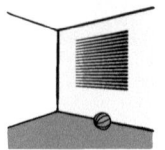

floor

karawal

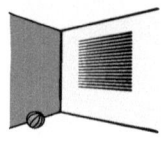

wall

balal

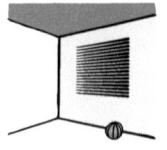

ceiling

asamaan suudu

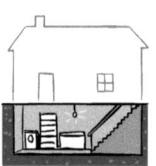

cellar

faawru

sauna

soona e ɗemngal farase

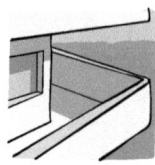

balcony

balko

terrace

teeraas

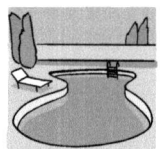

pool

pisin

lawn mower

keefoowo huɗo

sheet

darap

bedspread

darap

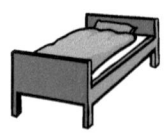

bed

leeso

broom

pittirgal

bucket

suwo

switch

ñifirgel

living room
suudu yeewtere

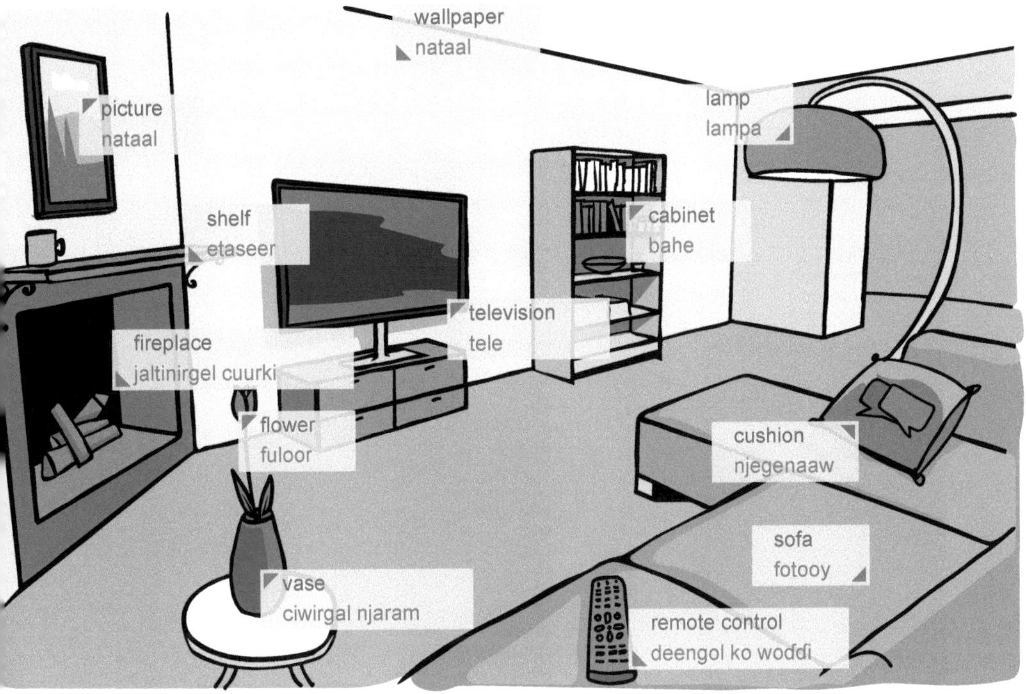

wallpaper
nataal
picture
nataal
lamp
lampa
shelf
etaseer
cabinet
bahe
television
tele
fireplace
jaltinirgel cuurki
flower
fuloor
cushion
njegenaaw
sofa
fotooy
vase
ciwirgal njaram
remote control
deengol ko woddi

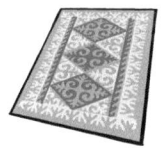

carpet

tappi

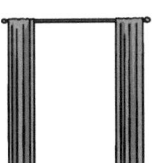

drape

rido

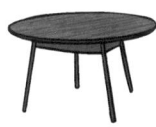

table

taabal

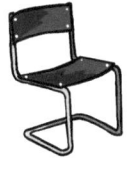

chair

jooɗorgal

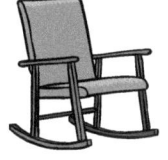

rocking chair

jooɗorgal timmungal

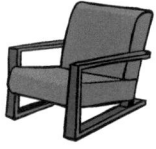

armchair

jooɗorgal tuggateengal

book

deftere

blanket

cuddirgal

decoration

jooɗnugol

firewood

ledɗe kubbateeɗe

film

filmo

stereo system

materiyel hi-fi

key

coktirgal

newspaper

kaayit kabaruuji

painting

pentirgol

poster

posteer

radio

rajo

notebook

teskorgel

vacuum cleaner

boɗowel pusiyeer

cactus

kaktis

candle

sondel

kitchen
waañ

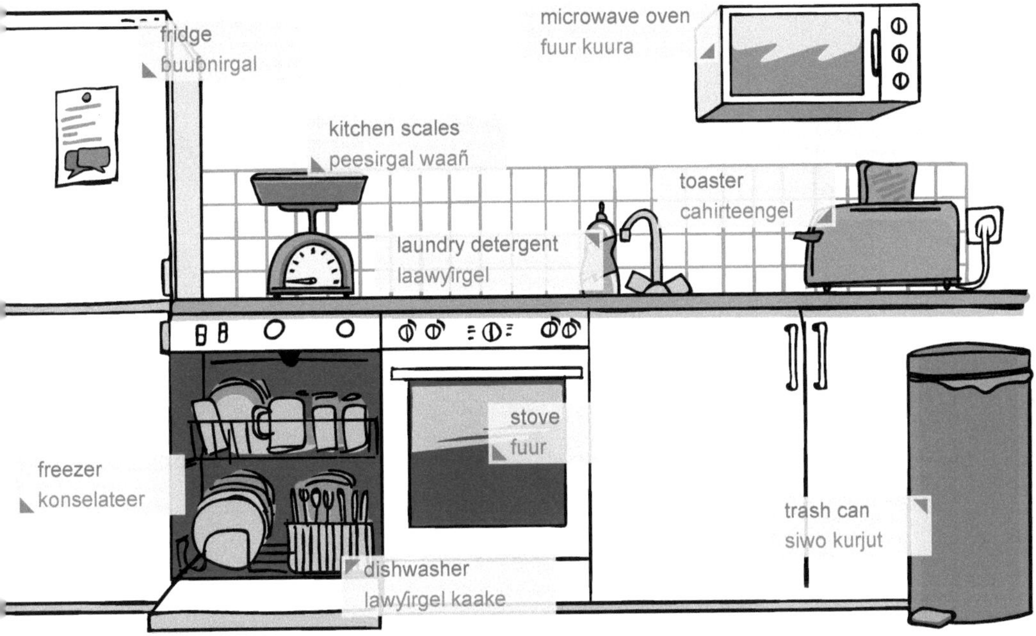
fridge
ɓuuɓnirgal
microwave oven
fuur kuura
kitchen scales
peesirgal waañ
toaster
cahirteengel
laundry detergent
laawƴirgel
stove
fuur
freezer
konselateer
trash can
siwo kurjut
dishwasher
lawƴirgel kaake

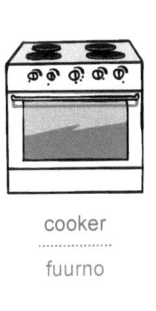

cooker

fuurno

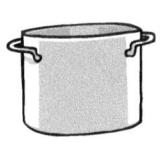

pot

pot

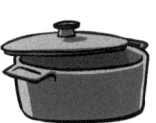

cast-iron pot

barme

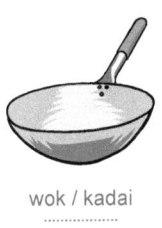

wok / kadai

kasorol

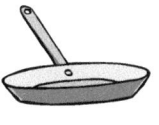

pan

kasorol

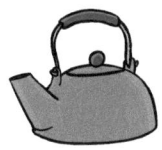

kettle

satalla

steamer

suppere defirteende

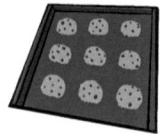

baking tray

pool defirteeɗo

crockery

lawŷugol kaake

mug

pot jarduɗo

bowl

suppeere

chopsticks

ñibirgon ñaamdu

ladle

kuddu luus

spatula

kayit ɗakirteeɗo

whisk

iirtude

strainer

ceɗirgel

sieve

tame

grater

keefirgel

mortar

moññirgal

barbecue

juɗgol

fireplace

jeyngol e henndu

kitchen - waañ

chopping board

coppirgal

rolling pin

degnirgel ñaamdu
feewnateendu

corkscrew

udditirgel butel

can

buwaat

can opener

udditirgel buwat

oven cloth

nangirgel pot

sink

siimtude

brush

boros

sponge

eppoos

blender

jiibirgel

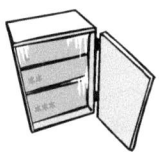

deep freezer

battowel galaas

baby bottle

jardugel tiggu

tap

robine

bathroom
tarodde

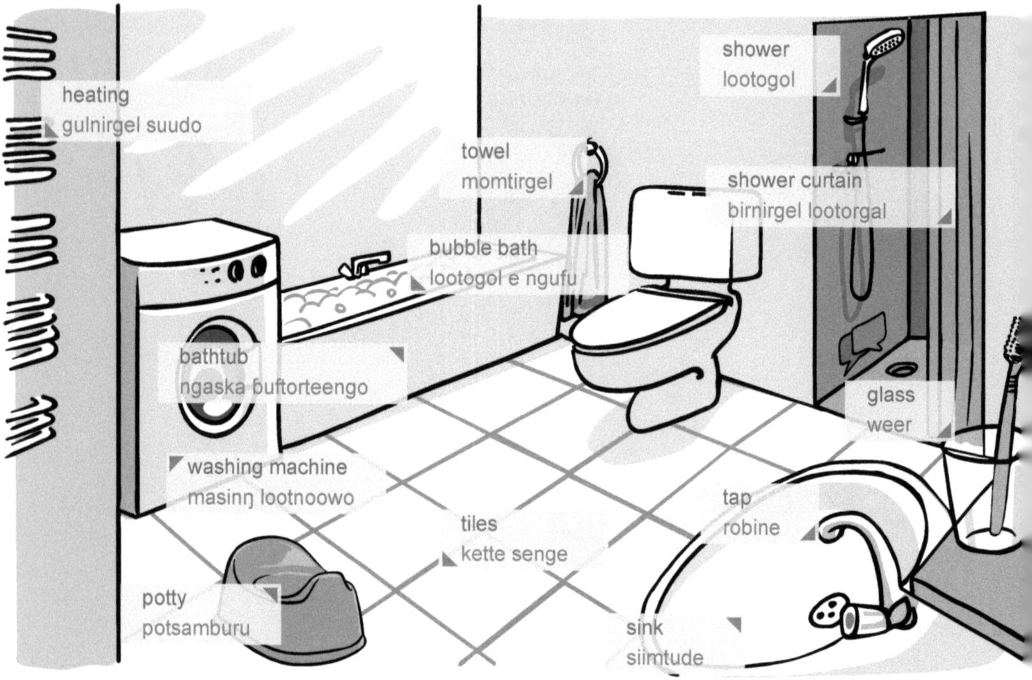

shower
lootogol
heating
gulnirgel suudo
towel
momtirgel
shower curtain
birnirgel lootorgal
bubble bath
lootogol e ngufu
bathtub
ngaska buftorteengo
glass
weer
washing machine
masinŋ lootnoowo
tap
robine
tiles
kette senge
potty
potsamburu
sink
siimtude

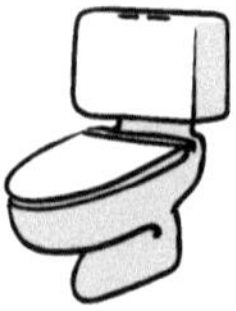

toilet
taarorde

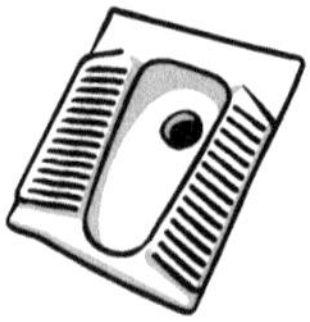

squat toilet
joɗorgal kuwirteengal

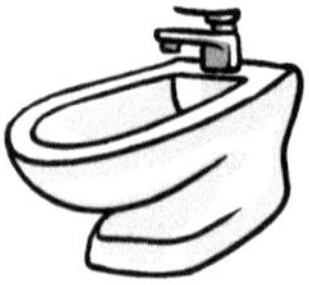

bidet
biisirgel ndiyam

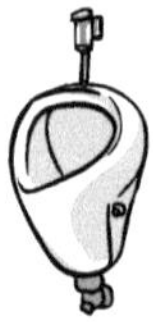

urinal
taarodde

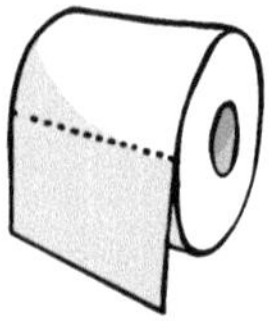

toilet paper
kaayit momtirɗo

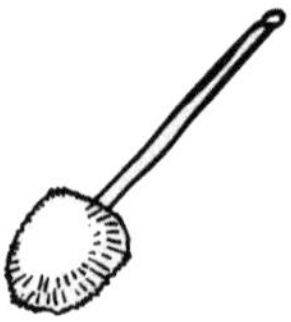

toilet brush
boros taarorde

toothbrush

coccorgal ƴiiye

toothpaste

sabunde ƴiiye

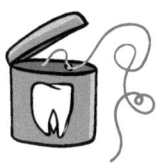

dental floss

gaarowol ñiire

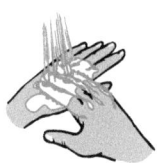

wash

lawƴude

hand shower

boggol lootirteengol

douche

ɓuftogol

basin

loowirteengel

back brush

demirgel huɗo

soap

sabunnde

shower gel

saabunde ɓuftorteende

shampoo

sampoye

flannel

limsere wiro

drain

ciiygol

creme

kerem

deodorant

uurnirgel

mirror

daandorgal

hand mirror

daandorgal pamoral

razor

pembirgel

shaving foam

ngufu pembol

aftershave

moomiteengel pembol

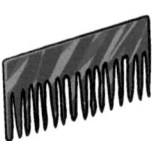

comb

yeesoode

brush

boros

hair-dryer

joornirgel sukunndu

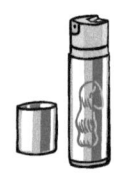

hairspray

peewnirgel sukunndu

makeup

makiyaas

lipstick

joodirgel toni

nail varnish

momtirgel cegeneeji

cotton wool

garowol wiro

nail scissors

siso cegeneeji

perfume

parfon

washbag

waxande lootorgal

stool

kuudi

weighing scales

peesirgal

bathrobe

wutte cuftorteeɗo

rubber gloves

gaŋuuji dalli

tampon

momtirer ƴiiƴam ella

sanitary towel

kuus tiggu

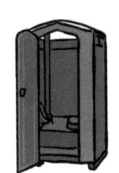

chemical toilet

lootogol simik

kids room

suudu sakaaɓe

alarm clock
pindinirgel
cuddly toy
kullel fijirde
toy car
oto pijirgel
rattle
dillere
doll's house
galle pijirgel
present
hannde

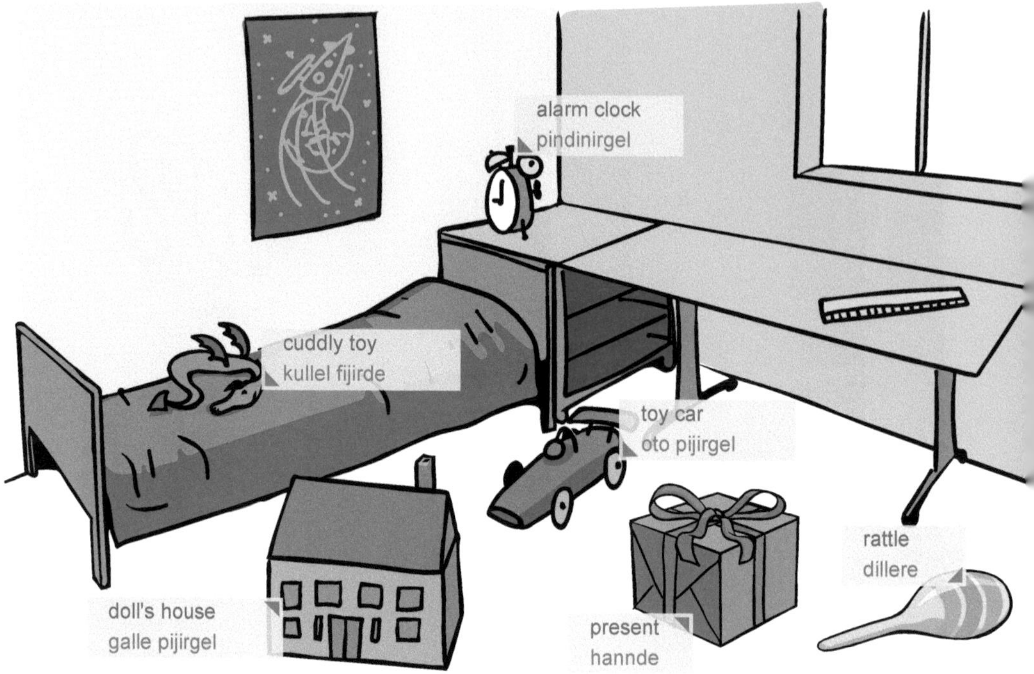

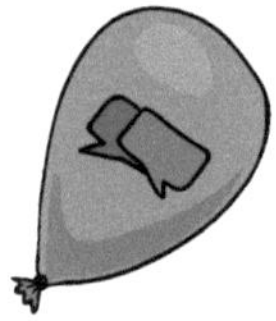

balloon

sumalle dalli

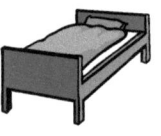

bed

leeso

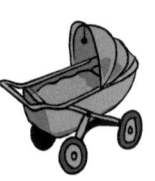

stroller

duñirgel tiggu

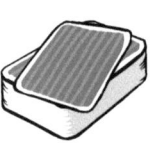

deck of cards

nokkere karte

jigsaw

fijirde lombondirgol

SUPER
MEGA

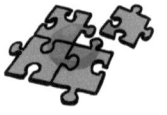

comic

njalniika

lego bricks

pijirgel tuufeeje

toy blocks

tuufeeje

action figure

pijirgel

romper suit

comcol tiggu

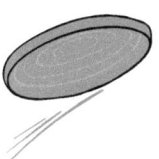

frisbee

palaat diwwoow

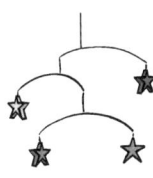

mobile

noddirgel

board game

pijirgel

dice

dee

model train set

ñemtinirgel laana ndegoowa

pacifier

neɗɗo fuuunti

party

fijirde

picture book

deftere nate

ball

bal

doll

puppe

play

fijde

sandpit

mbalka ceenal

swing

beeltirgal

toys

pijirgel

video game console

pijiteengel see widewo

tricycle

welo biifi tati

teddy bear

pijirgel kullel urs

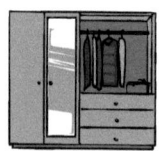

wardrobe

armuwaar

clothing

comcol

socks

kawase

stockings

kawase

tights

tuubayon bittukon

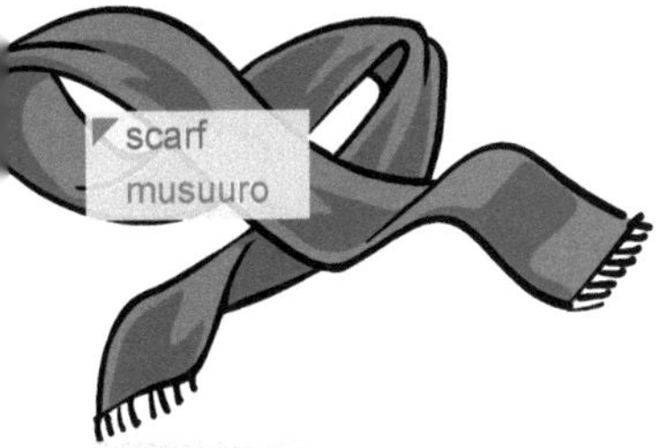

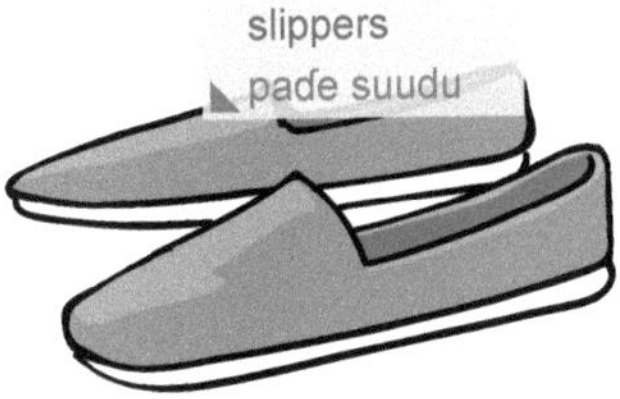

scarf
musuuro

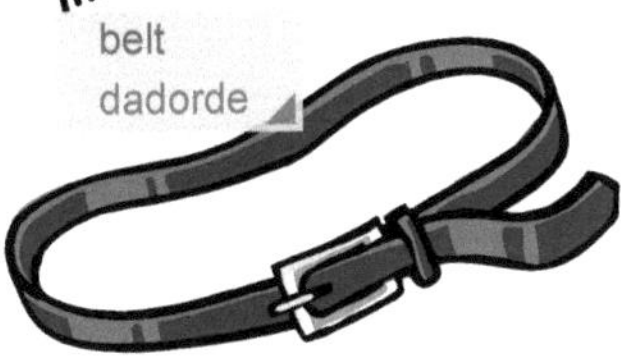

belt
dadorde

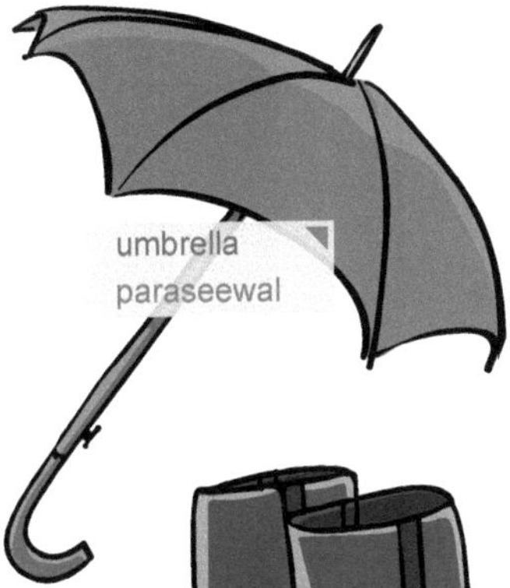

umbrella
paraseewal

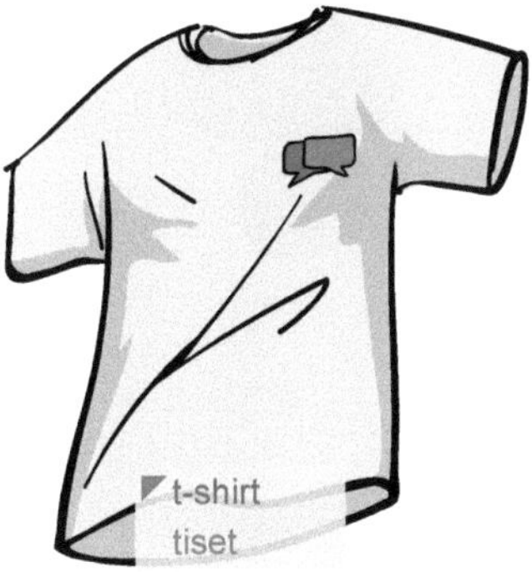

t-shirt
tiset

boots
pade toowde

slippers
pade suudu

sneakers
pade bokkateede

sandals
....
pade diwa

shoes
....
pade

rubber boots
....
padde toowde lirotoode

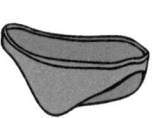

underwear
....
cakkirdi

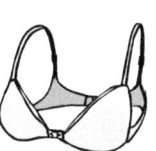

bra
....
sucengors

undershirt
....
silet

body

banndu

pants

tuuba

jeans

jiin

skirt

robbo

blouse

buluson

shirt

simis

pullover

piliweer

sweater

weste nebbu

blazer

layset

jacket

jaget

coat

weste juuɗɗo

raincoat

wutte toɓo

costume

kostim

dress

robbo

wedding dress

robbo yange

suit

weste

nightgown

wutte baalduɗo

pajamas

pijama

sari

sari

headscarf

muusooro

turban

kaala

burka

kaala

kaftan

sabndoor

abaya

abbaay

swimsuit

comcol lumbirogol

trunks

cakkirɗi

shorts

kilot

tracksuit

joogin

apron

limsere deffowo

gloves

gaɲuuji

button
boɗɗirgel

glasses
lone

bracelet
jawo

necklace
cakka

ring
feggere

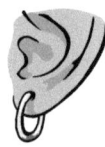

earring
hootonde

cap
laafa

coat hanger
liggirgal weste

hat
laafa

tie
karawat

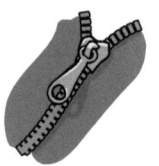

zip
zip

helmet
laafa ndeenka

braces
ganŋ

school uniform
comcol duɗal

uniform
iniform

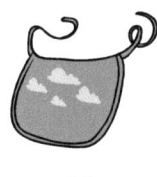

bib

sarbetel daande

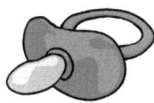

pacifier

neɗɗo fuuunti

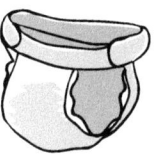

diaper

kuus

office
gollirgal

server
serveer
filing cabinet
baxane doodiyeeji
printer
jaltinirgel kaayit
paper
kaayit
monitor
ekaran
mouse
suuri
desk
biro
folder
caawiirgel doosiyeeji
keyboard
tappirde
chair
jooɗorgal
waste-paper basket
suwo kurjut
computer
ordinateer

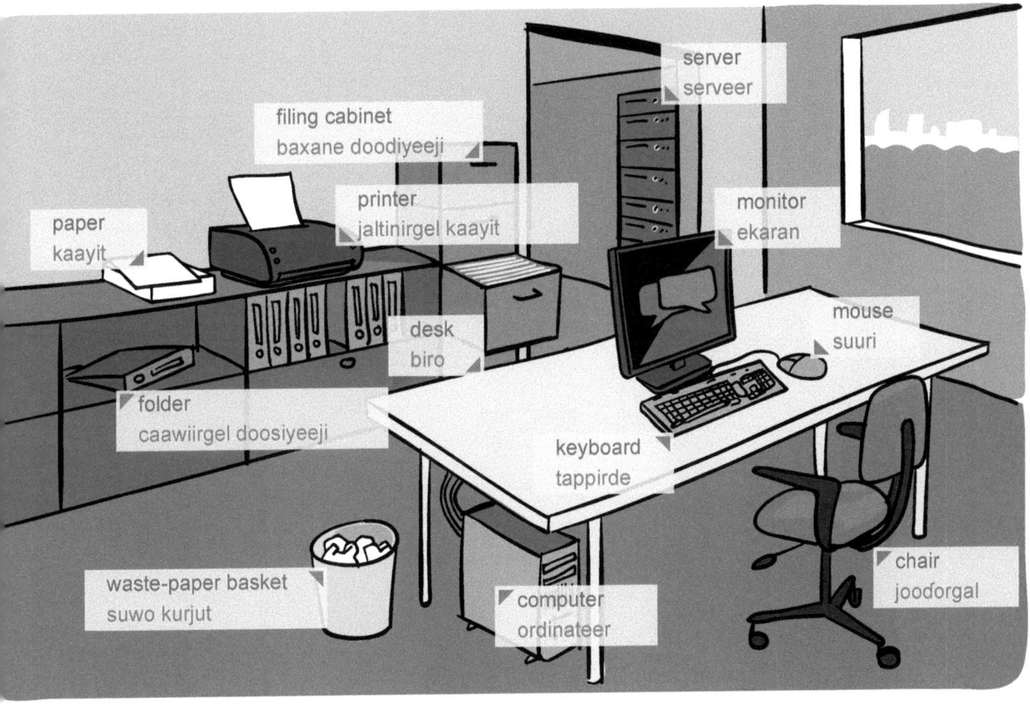

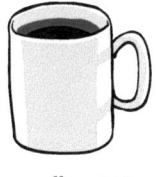

coffee mug

kuppu kafe

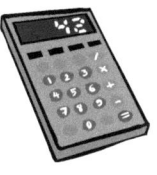

calculator

qiimorgal

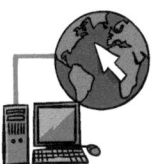

internet

enternet

laptop

ordinateer beelnateeɗo

letter

bataake

message

bataake

cell phone

noddirgel

network

reso

photocopier

cottitirgel

software

losisiyel

telephone

noddirgel

plug socket

ceɲirgel boggol kuura

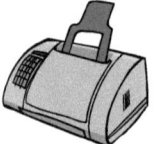

fax machine

masinŋ faks

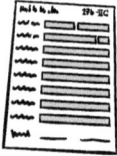

form

mbaadi

document

dokiman

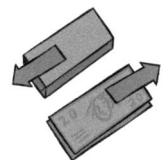

buy

soodde

pay

sood́de

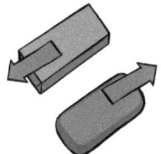

trade

yeyde

money

kaalis

dollar

dolaar

euro

eroo

yen

yen

rouble

ruubal

Swiss franc

faran Siwis

renminbi yuan

yuwaan renminbi

rupee

rupii

cash point

masinŋ keestord́o kaalis

currency exchange office

nokku beccugol e neldugol

gold

kanŋe

silver

kaalis

oil

esaans

energy

sembe

price

coggu

contract

kontara

tax

taks

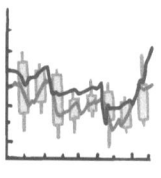

stock

marsandiss moftaaɗo

work

gollude

employee

gollinteeɗo

employer

gollinoowo

factory

isin

shop

bitik

occupations
haajuuji

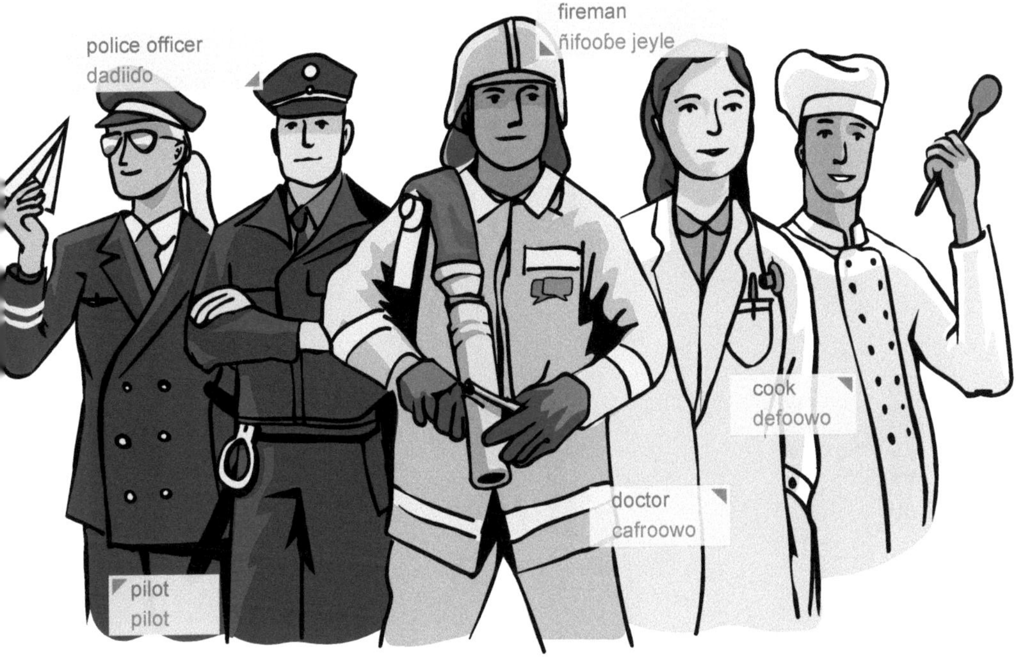
fireman
ñifooɓe jeyle
police officer
dadiiɗo
cook
defoowo
doctor
cafroowo
pilot
pilot

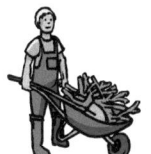

gardener

toppitiiɗo sardin

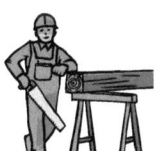

carpenter

minise

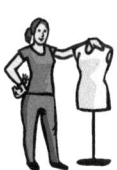

seamstress

ñootoowo

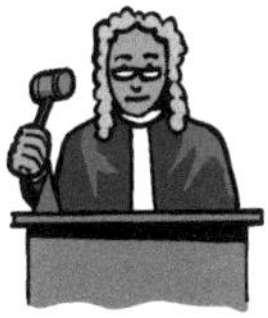

judge

ñaawoowo

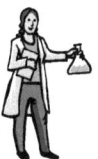

chemist

simist e ɗemngal farayse

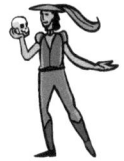

actor

aktoor

bus driver

dognoowo biis

taxi driver

dognoowo taksi

fisherman

gawoowo

cleaning lady

pittoowo

roofer

cengirɗe huɓeere

waiter

carwoowo

hunter

daddoowo

painter

pentiroowo

baker

piyoowo mburu

electrician

gollowo kuura

builder

mahoowo

engineer

enseñeer

butcher

jeyoowo teew keso

plumber

polombiyer

postman

nawoowo batakuuji

soldier

kooninke

architect

diidoowo ɓahanteeri

cashier

kestotooɗo

florist

jeyoowo fuloraaji

hairdresser

mooroowo

conductor

dognoowo

mechanic

mekanisiyenŋ

captain

kapiteen

dentist

cafroowo ƴiiƴe

scientist

miijotooɗo

rabbi

kellifaaɗo diine to israayel

imam

imaam

monk

muwaan e e ɗemngal
farayse

pastor

kellifaaɗo diine heerereeɓe

tools
kuutorɗe

pliers
ñoyƴirgel
hammer
marto
screwdriver
biisrgel
wrench
kele
torch
bawɗi biyeteeɗi

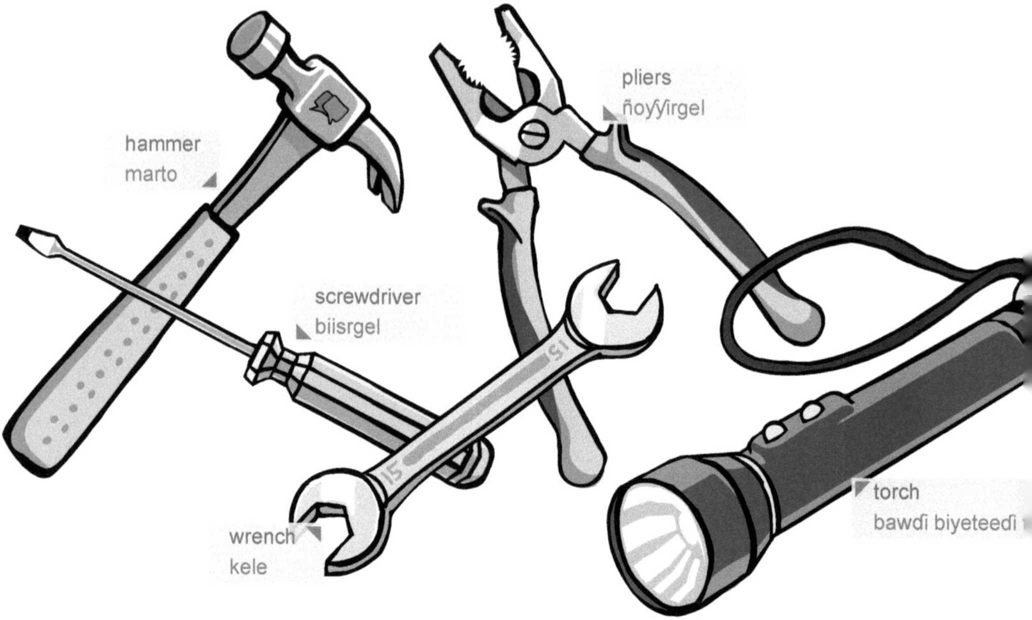

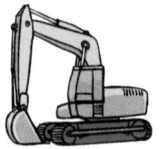

excavator

pikku

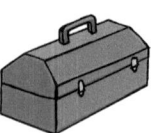

toolbox

baxanel kaɓorɗe

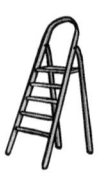

ladder

ŋabbirgal

saw

tayƴirgal

nails

ƴibirɗe

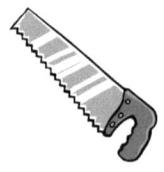

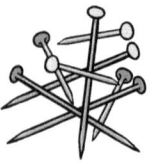

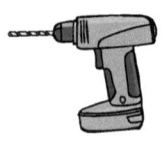

drill

julirgal

repair
fewnitde

shovel
nokkirgel

Damn!
Soo!

dustpan
boftirgel kurjut

paint can
pot penttiir

screws
wiisuuji

musical instruments
kongirgon misik

drum set
kongateeɗe

loud speaker
nantinooji

guitar
hoddu

double bass
duubl baas

trumpet
liital

piano

piayaano

violin

wiyolon

bass

baas

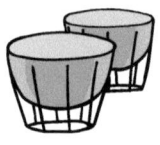

timpani

bowɗi biyeteeɗi timpani

drums

bawɗi

keyboard

tappirgal

saxophone

saksofoon

flute

nguurdu

microphone

mikoro

zoo
nokku kullon

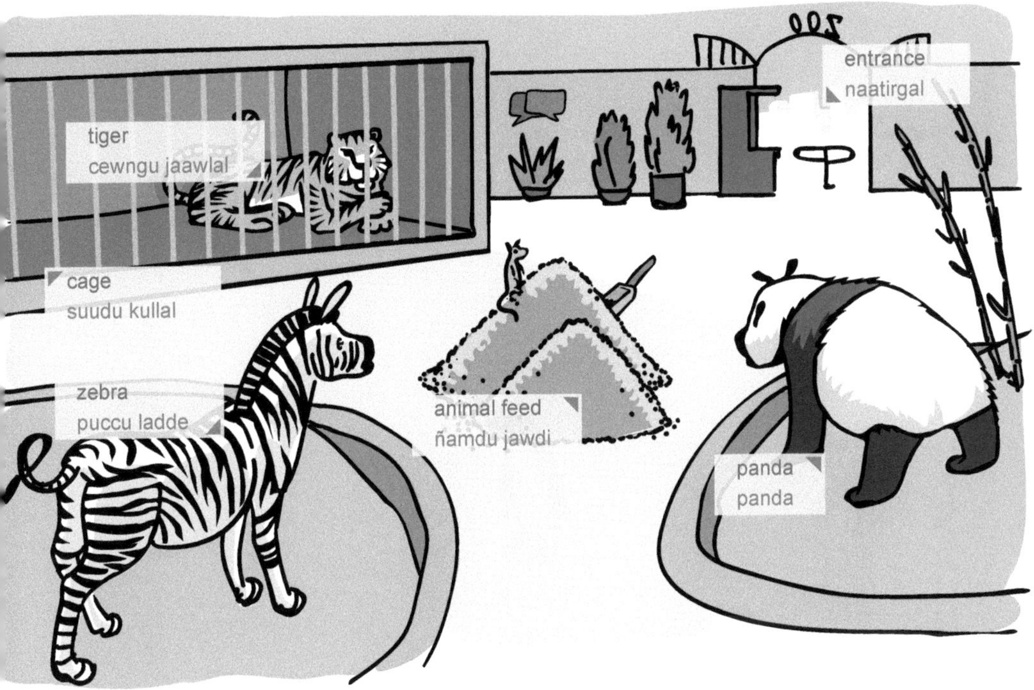

tiger
cewngu jaawlal
entrance
naatirgal
cage
suudu kullal
zebra
puccu ladde
animal feed
ñamdu jawdi
panda
panda

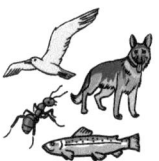

animals

kulle

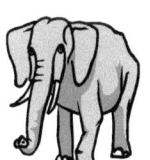

elephant

ñiiwa

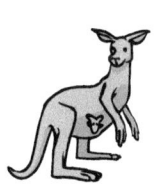

kangaroo

kanguru

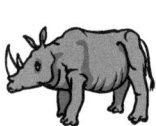

rhino

rinoseros

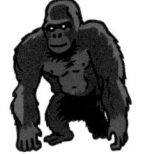

gorilla

waandu mowndu

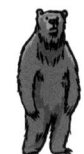

bear

urs

camel

ngelooba

ostrich

sundu ɓurndu mownude

lion

mbaroodi

monkey

waandu

flamingo

ñaaral pural

parrot

seku

polar bear

urso galaas

penguin

liingu wiyeteendu penguwe

shark

lingu reke

peacock

ndiwri wiyeteendu pawon

snake

laadoori

crocodile

nooro

zookeeper

deenoowo zoo

seal

togoori ndiyam wiyeteendu
fok e farayse

jaguar

cewngu

pony

molu

leopard

cewngu

hippo

ngabu

giraffe

njabala

eagle

ciilal

boar

mbabba tugal

fish

liingu

turtle

heende

walrus

kullal biyeteengal morse

fox

renaar

gazelle

lella

American football
Fuggukoyngel Amerknaaɓe

cycling
dognugol welo

tennis
tenis

basketball
beysbol

swimming
lumbagol

ice hockey
fuggukoyngel e galaas

boxing
boks

soccer	badminton	athletics
Fuggukoyngel	badminton	atelettuuji

handball	skiing	polo
hanbol	fijirɗe deggol e nees	polo

activities
golle

laugh
jalde
jump
diwde
hug
ɓuucaade
walk
yaade
sing
yimde
dream
hoyɗitaade
pray
juulde
kiss
ɓuucaade

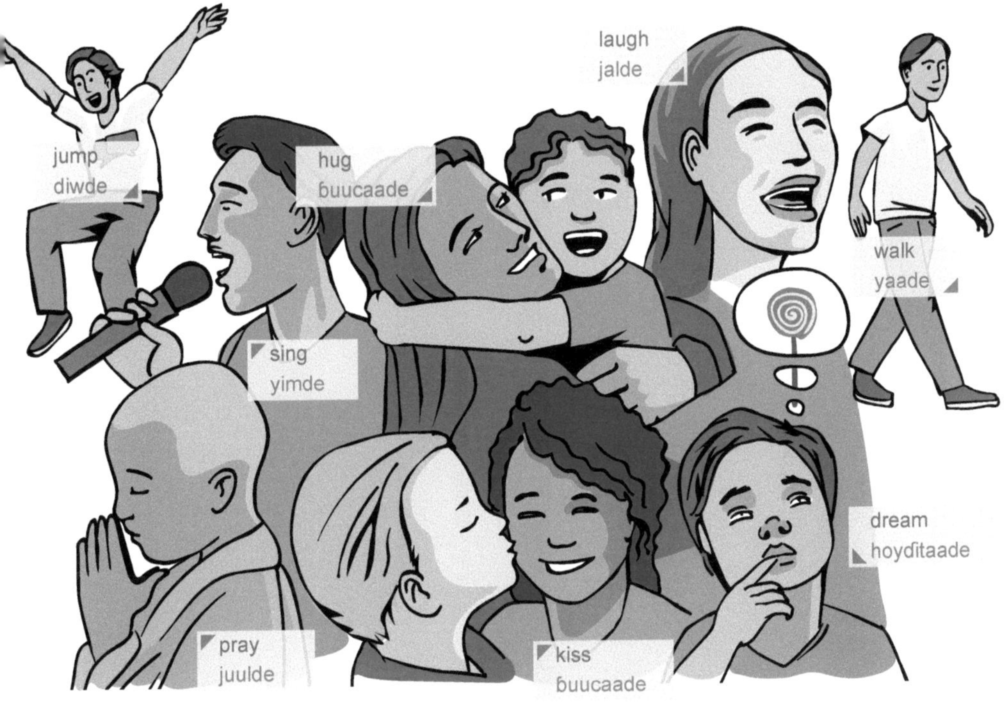

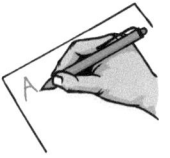

write
windude

draw
siifde

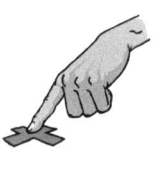

show
hollude

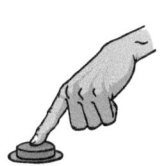

push
duñde

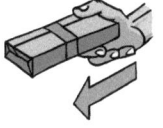

give
rokkude

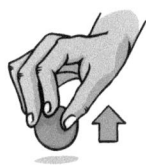

take
ƴettude

have

deñde

do

waɗde

be

wonde

stand

ummaade

run

dogde

pull

fooɗde

throw

weddaade

fall

yande

lie

fende

wait

sabbaade

carry

roondaade

sit

jooɗaade

get dressed

ɓoornaade

sleep

ɗaanaade

wake up

finde

activities - golle

look at

ƴeewde

cry

woyde

stroke

helde

comb

yeesaade

talk

haalde

understand

faamde

ask

naamnaade

listen

heɗaade

drink

yarde

eat

ñaamde

tidy up

hawrinde

love

yiɗde

cook

defde

drive

dognude

fly

diwde

sail

awƴude

calculate

qimaade

read

jangude

learn

jangude

work

gollude

marry

resde

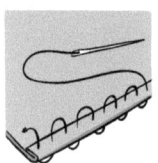

sew

ñootde

brush teeth

soccaade ƴiiƴe

kill

warde

smoke

simmaade

send

neldude

family

ɓesngu

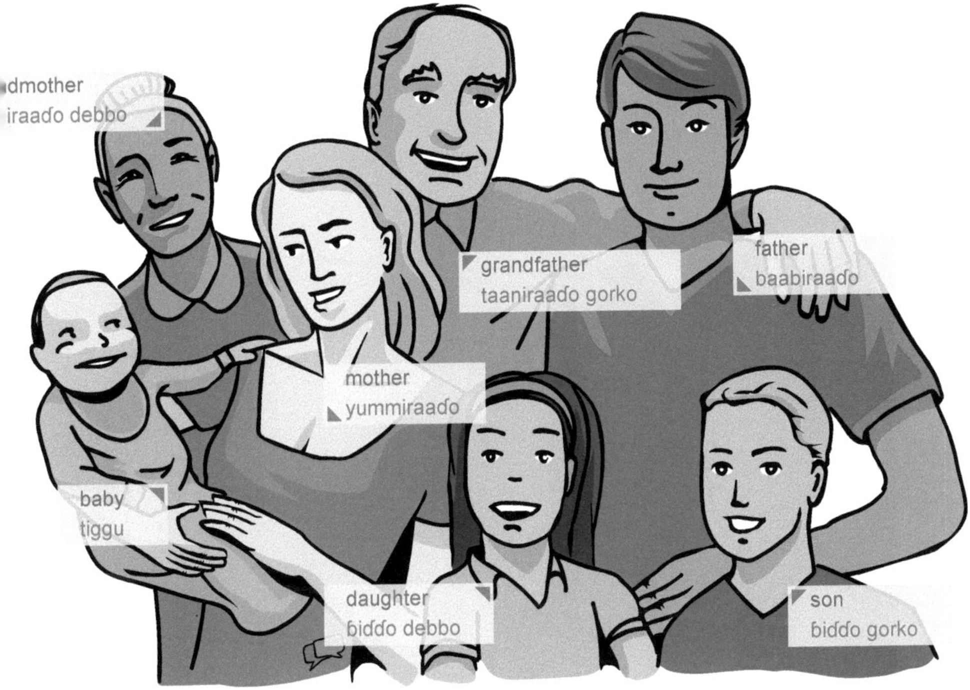

dmother
iraaɗo debbo
grandfather
taaniraaɗo gorko
father
baabiraaɗo
mother
yummiraaɗo
baby
tiggu
daughter
ɓiɗɗo debbo
son
ɓiɗɗo gorko

guest

kodo

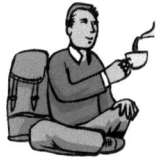

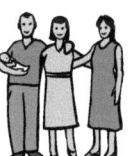

aunt

goggiraaɗo

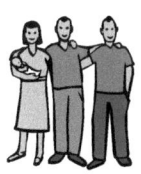

uncle

kaawiraaɗo

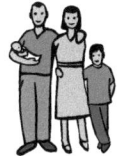

brother

mowniraaɗo gorko

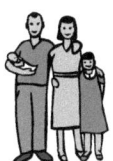

sister

mowniraaɗo debbo

body

bandu

forehead
tiinde

eye
yiitere

shoulder
walabo

finger
feɗendu

face
yeeso

chin
waare

hand
jungo

breast
endu

leg
koyngal

arm
jungo

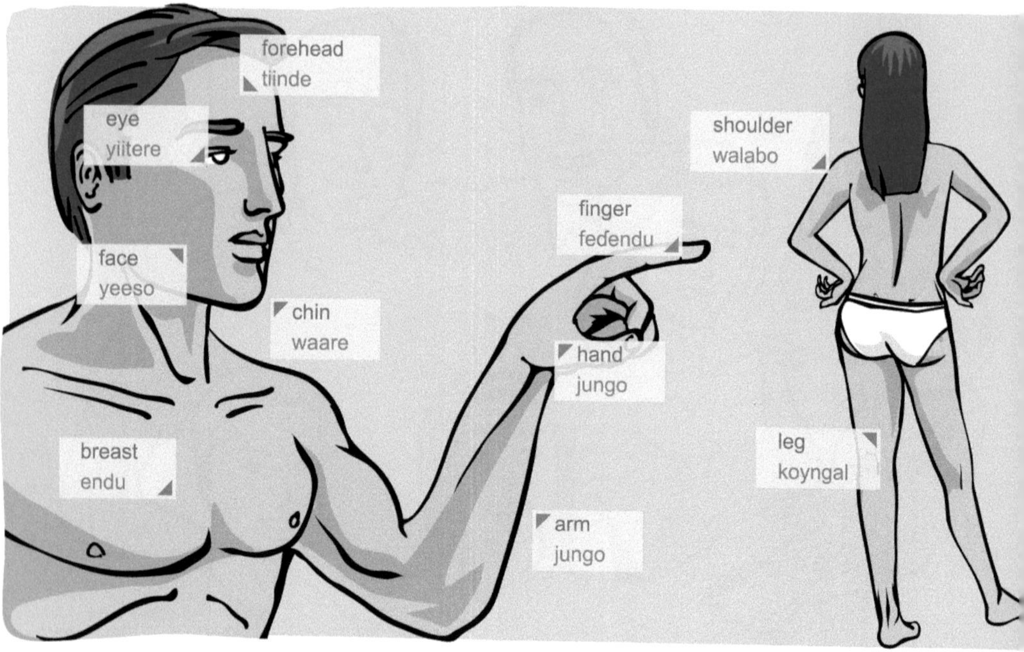

baby

tiggu

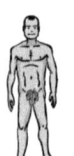

man

gorko

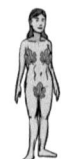

woman

debbo

girl

deftere kongoli

boy

suka gorko

head

hoore

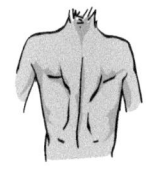

back
keeci

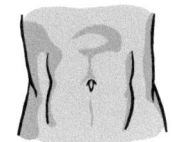

belly
reedu

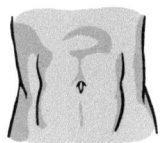

navel
wuddu

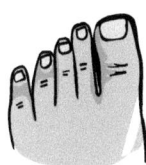

toe
feɗendu koyngal

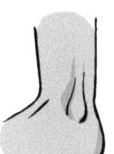

heel
jabborgal

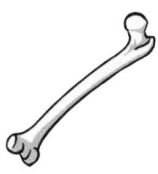

bone
ƴiyal

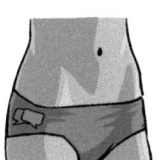

hip
rotere

knee
hofru

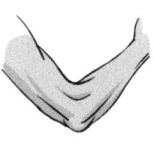

elbow
salndu junngu

nose
hinere

buttocks
dote

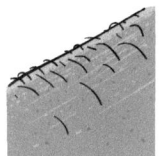

skin
nguru

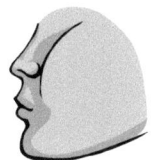

cheek
abbulo

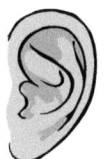

ear
nofru

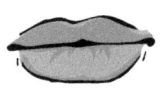

lip
tonndu

mouth

hunuko

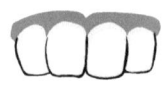

tooth

ñiire

tongue

ɗemngal

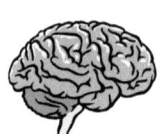

brain

ngaandi

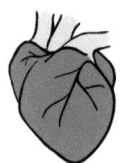

heart

ɓernde

muscle

ƴiyal

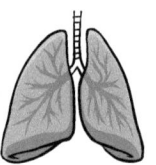

lung

wecco

liver

heeñere

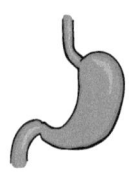

stomach

estoma

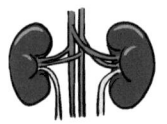

kidneys

tekteki mawni

sex

terɗe

condom

laafa ndeenka

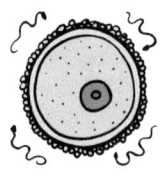

ovum

ɓoccoonde maniya

semen

maniya

pregnancy

reedu

body - ɓandu

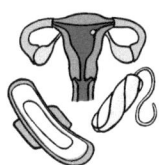

menstruation

yiiƴam ella

vagina

farja

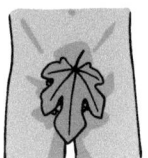

penis

kaake

eyebrow

leebi dow yiitere

hair

sukunndu

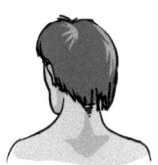

neck

daande

hospital
suudu safirdu

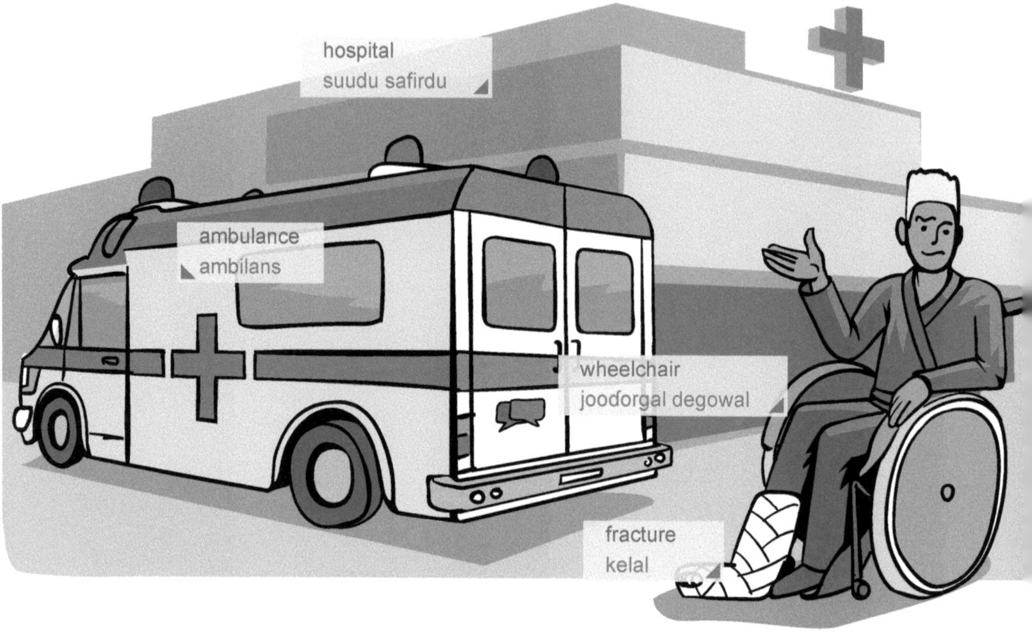

hospital
suudu safirdu
ambulance
ambilans
wheelchair
jooɗorgal degowal
fracture
kelal

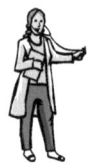

doctor
cafroowo

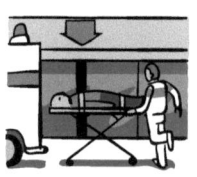

emergency room
suudo irsaans

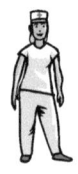

nurse
cafroowo

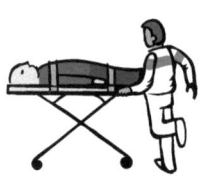

emergency
irsaans

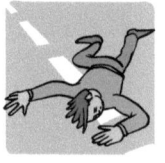

unconscious
paɗɗiiɗo

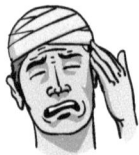

pain
muuseeki

injury

gaañande

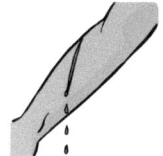

bleeding

tuyƴude

heart attack

bernde dartiinde

stroke

darogol bernde

allergy

alersi

cough

dojjugol

fever

nguleeki ɓandu

flu

mabbo

diarrhea

reedu dogooru

headache

muuseeki hoore

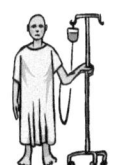

cancer

kanser

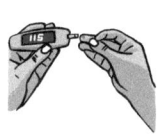

diabetes

jabet

surgeon

operasiyon

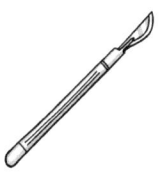

scalpel

ceekirgel

operation

operasiyon

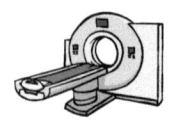

CT
CT

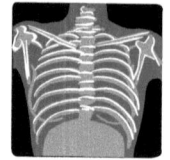

x-ray
reyon-x

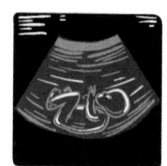

ultrasound
iltarason

face mask
mask yeeso

disease
ñaw

waiting room
suudu sabbordu

crutch
sawru tuggorgal

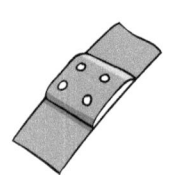

plaster
palatar

bandage
bandaas

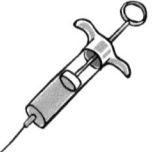

injection
pikkitagol

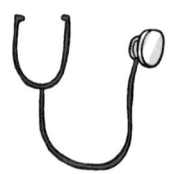

stethoscope
keɗirgel dille ɓandu

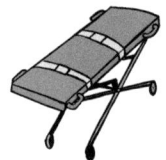

stretcher
balankaaru

clinical thermometer
betirgel nguleeki ɓanndu

birth
jibinegol

overweight
ɓandu ɓurtundu

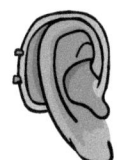

hearing aid

ballotirgel nonooje

disinfectant

desefektan

infection

infeksiyon

virus

viris

HIV / AIDS

HIV / SIDA

medicine

safaara

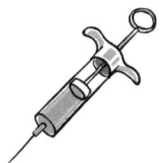

vaccination

ñakko

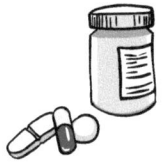

tablets

tabletuuji

pill

foɗɗere

emergency call

noddaango heñoraango

blood pressure monitor

betirgel dogdu ɓiiɓam

ill / healthy

sellaani / salli

Help!

Paabod̵e!

alarm

tintinirgel

assault

jangol

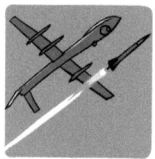

attack

yande e

danger

musiiba

emergency exit

damal dandirgal

Fire!

Paabod̵e!

fire extinguisher

ñifirgel jeynge

accident

aksida

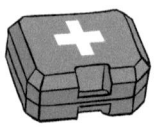

first-aid kit

ged̵e cafrord̵e gadane

SOS

BALLAL

police

Polis

Europe

Erop

North America

Amerik to Rewo

South America

Amerik to Worgo

Africa

Afiriki

Asia

Asi

Australia

Ostarali

Atlantic

Atalantik

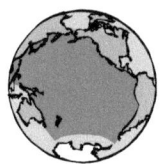

Pacific

Pasifik

Indian Ocean

Oseyan Enje

Antarctic Ocean

Oseyan Antarktik

Arctic Ocean

Osean Arkatik

North pole

Bange Rewo

South pole

Bange Worgo

Antarctica

Antarktik

earth

Leydi

land

leydi

sea

maayo mawngo

island

wuro nder ndiyam

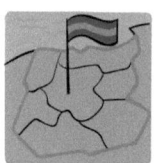

nation

leydi

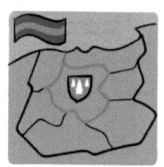

state

jamaanu

clock face

yeeso montoor

hour hand

misalel waqtu

minute hand

misalel hojomaaji

second hand

misalel majanɗe

What time is it?

Hol waqtu jonɗo?

day

ñalawma

time

saha

now

jooni

digital watch

montoor disitaal

minute

hojom

hour

waqtu

week
yontere

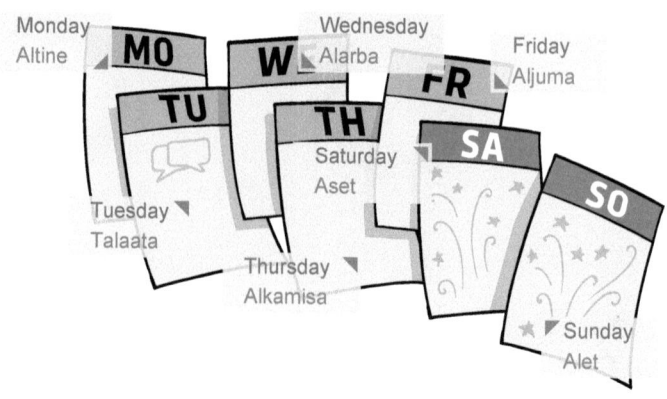

Monday Altine
Wednesday Alarba
Friday Aljuma
Tuesday Talaata
Saturday Aset
Thursday Alkamisa
Sunday Alet

yesterday

hanki

today

hande

tomorrow

jango

morning

subaka

noon

beetawe

evening

kikiiɗe

MO	TU	WE	TH	FR	SA	SU
1	2	3	4	5	6	7
8	9	10	11	12	13	14
15	16	17	18	19	20	21
22	23	24	25	26	27	28
29	30	31	1	2	3	4

workdays

ñalawmaaji golle

MO	TU	WE	TH	FR	SA	SU
1	2	3	4	5	6	7
8	9	10	11	12	13	14
15	16	17	18	19	20	21
22	23	24	25	26	27	28
29	30	31	1	2	3	4

weekend

ñalamaaji fooftere

rain
tobo

rainbow
timtimol

snow
nees

wind
hendu

spring
caggal dabbunde

fall
dabbunde

summer
ndungu

winter
dabbunde

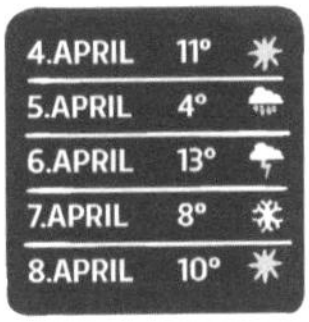

4.APRIL	11°	❄
5.APRIL	4°	🌧
6.APRIL	13°	🌧
7.APRIL	8°	❄
8.APRIL	10°	❄

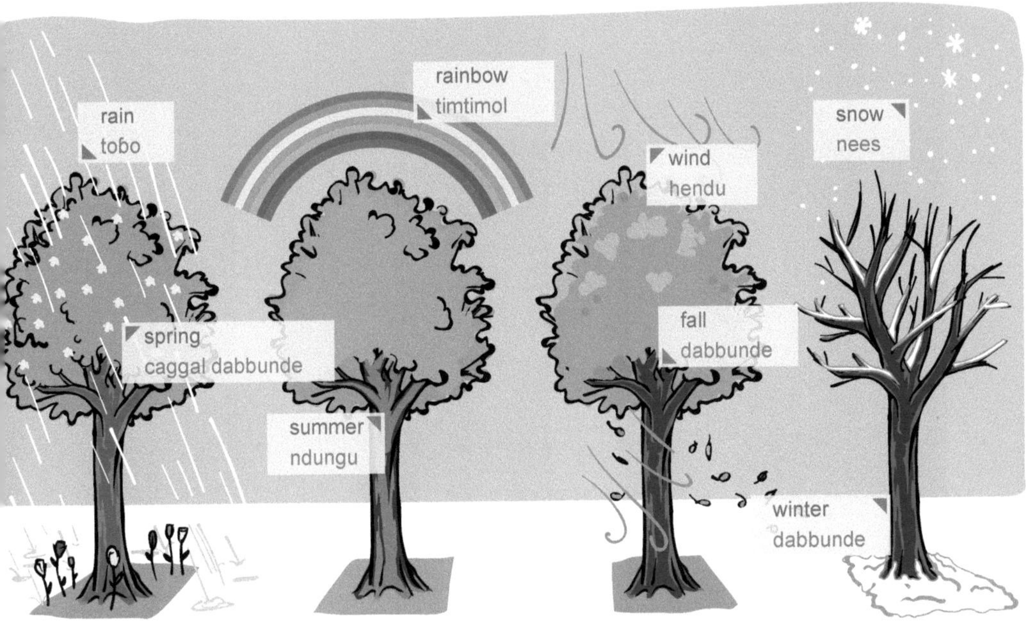

weather forecast

kabrugol geɗe weeyo

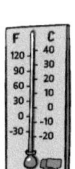

thermometer

betirgal nguleeki

sunshine

nguleeki naange

cloud

duulal

fog

nibbere niwri

humidity

ɓuuɓol

lightning

majaango

thunder

gidango

storm

hendu yaduungo e gidaali

hail

toɓo mawngo

monsoon

keneeli mawɗi

flood

toɓo yooloongo

ice

galaas

January

Janwiye

February

Feeviriye

March

Mars

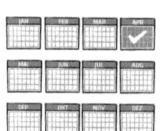

April

Awril

May

Me

June

Suwe

July

Suliye

August

Ut

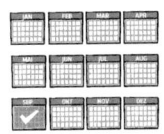

September
....
Setanbar

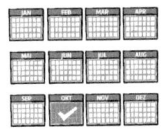

October
....
Oktobar

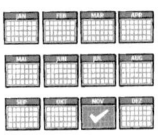

November
....
Noowambar

December
....
Desambar

circle
....
taaridum

square
....
bangeeji potdi

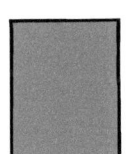

rectangle
....
rektangal

triangle
....
tiriyangal

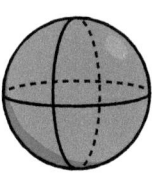

sphere
....
esfeer

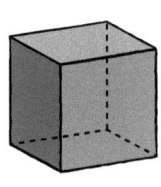

cube
....
kib

white
....
deneejo

yellow
....
puro

orange
....
oraas

pink
....
roos

red
....
boɗeejo

purple
....
yolet

blue
....
bulaajo

green
....
werte

brown
....
baka

gray
....
giri

black
....
ɓaleejo

a lot / a little

heewi / famɗi

angry / calm

mittinɗo / deeyɗo

beautiful / ugly

yooɗi / soofi

beginning / end

fuɗɗorde / gasirde

big / small

mawni / famɗi

bright / dark

leeri / ɗibbiɗi

brother / sister

mawniraaɗo gorko / debbo

clean / dirty

laaɓi / tulmi

complete / incomplete

timmi / manki

day / night

ñalawma / jamma

dead / alive

mayi / wuuri

wide / narrow

yaaji / ɓitti

edible / inedible

ñaame / ñaametaake

evil / kind

bonɗum / moyƴi

excited / bored

weelti / deeyî

fat / thin

ɓutto / cewɗo

first / last

gadiiɗo / cakkitiiɗo

friend / enemy

sehil / gaño

full / empty

heewi / ɓolɗi

hard / soft

tiiɗi / hoyi

heavy / light

teddi / hoyi

hunger / thirst

heege / ɗomka

ill / healthy

sellaani / salli

illegal / legal

dagaaki / dagi

intelligent / stupid

ƴoyi / ƴiƴaani

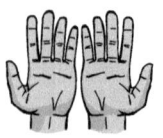

left / right

ñaamo / nano

near / far

ɓadi / woɗɗi

opposites - ceertuɗe

new / used
keso / kiiɗɗo

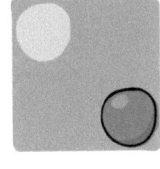

nothing / something
haydara / huunde

old / young
nayeeji / suka

on / off
ne heen / ala heen

open / closed
udditi / uddi

quiet / loud
deeyi / dilla

rich / poor
galo / baasɗo

right / wrong
feewi / feewaani

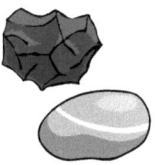

rough / smooth
tekki / ɗaati

sad / happy
suni / weelti

short / long
daɓɓo / jutɗo

slow / fast
leeli / yaawi

wet / dry
leppi / yoori

warm / cool
wuli / ɓuuɓi

war / peace
hare / jam

0 zero
meere

1 one
goo

2 two
didi

3 three
tati

4 four
nay

5 five
joy

6 six
jeegom

7 seven
seedidi

8 eight
jeetati

9 nine
jeenay

10 ten
sappo

11 eleven
sappo e goo

12

twelve

sappo e ɗiɗi

13

thirteen

sppo e tati

14

fourteen

sappo e nay

15

fifteen

sappo e joy

16

sixteen

sappo e jeegom

17

seventeen

sappo e jeeɗiɗi

18

eighteen

sappo e jeetati

19

nineteen

sappo e jeenay

20

twenty

noogas

100

hundred

teemedere

1.000

thousand

ujunere

1.000.000

million

miliyonŋ

English

Angale

American English

Angale Amerik

Chinese Mandarin

Mandare Siin

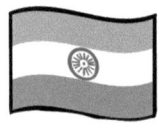

Hindi

Indo

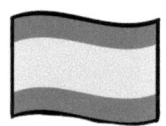

Spanish

Español

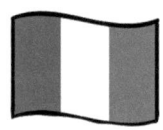

French

Farayse

Arabic

Arab

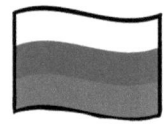

Russian

Riis

Portuguese

Portige

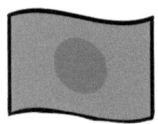

Bengali

Bengali

German

Alma

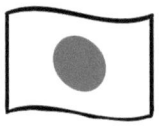

Japanese

Sappone

I

miin

you

ann

he / she / it

kanŋko / kanŋko / kañum

we

minen

you

onon

they

kamɓe

who?

holi oon?

what?

hol ɗum?

how?

hol no?

where?

hol toon?

when?

mande?

HELLO, I AM

name

innde

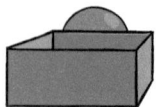

behind

caggal

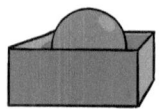

in

nder

in front of

yeeso

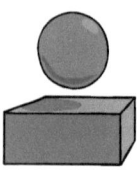

over

hedde

on

dow

under

les

beside

sara

between

hakkunde

place

nokku